Couverture inférieure manquante

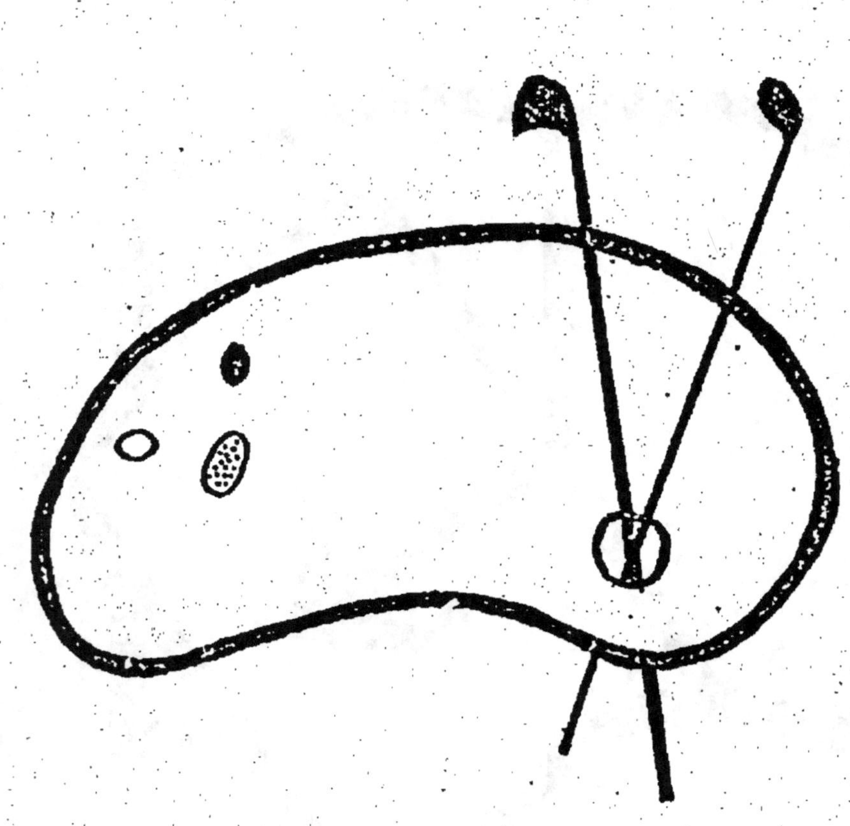

**DEBUT D'UNE SERIE DE DOCUMENTS
EN COULEUR**

DU RELÈVEMENT

DU

MARCHÉ FINANCIER FRANÇAIS

PAR

JACQUES SIEGFRIED

ANCIEN BANQUIER

Membre du Conseil supérieur du Commerce et de l'Industrie

ET

RAPHAËL-GEORGES LÉVY

BANQUIER

Prix : 1 Franc.

EN VENTE

A LA LIBRAIRIE CHAIX | **CHEZ GUILLAUMIN et Cie**
Rue Bergère, 20 | Rue Richelieu, 14

ET CHEZ LES PRINCIPAUX LIBRAIRES

1890

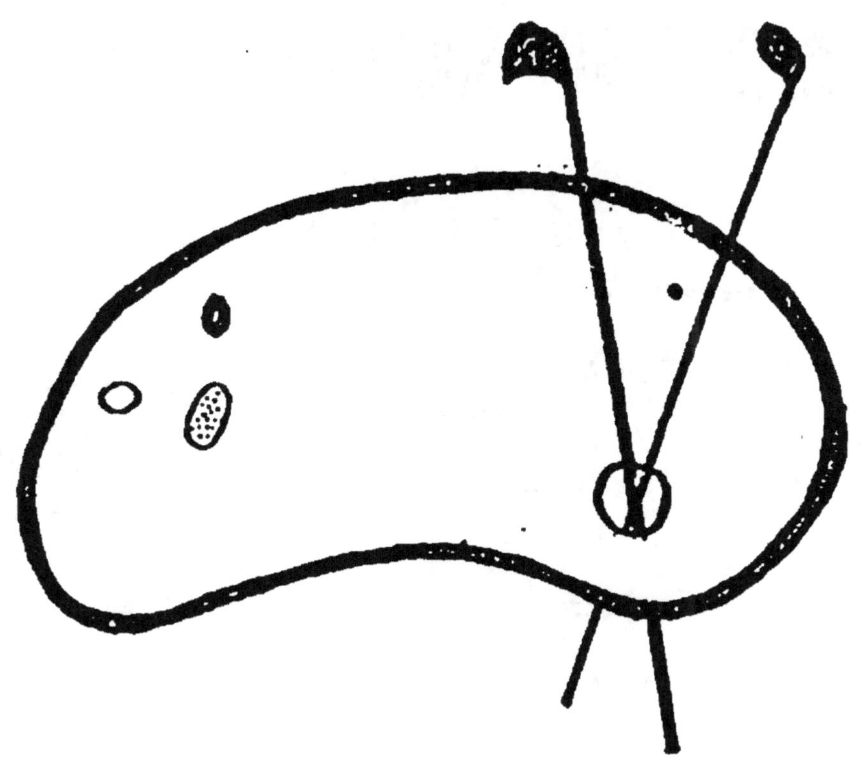

**FIN D'UNE SERIE DE DOCUMENTS
EN COULEUR**

DU RELÈVEMENT

DU

MARCHÉ FINANCIER FRANÇAIS

PAR

JACQUES SIEGFRIED

ANCIEN BANQUIER

Membre du Conseil supérieur du Commerce et de l'Industrie

ET

RAPHAËL-GEORGES LÉVY

BANQUIER

Prix : 1 Franc.

EN VENTE

A LA LIBRAIRIE CHAIX | **CHEZ GUILLAUMIN et C**ie
Rue Bergère, 20 | Rue Richelieu, 14

ET CHEZ LES PRINCIPAUX LIBRAIRES

1890

TABLE DES MATIÈRES

PREMIÈRE PARTIE

Parallèle entre les marchés financiers, la législation fiscale et la cote de Paris, de Londres et de Berlin.

SECONDE PARTIE

Réformes

PREMIÈRE PARTIE

PARALLÈLE ENTRE LES MARCHÉS FINANCIERS,
LA LÉGISLATION FISCALE,
LA COTE DE PARIS, DE LONDRES ET DE BERLIN.

CHAPITRE PREMIER

État actuel des Bourses de Paris, de Londres et de Berlin.

La France est toujours le pays des gens sages, des pères de famille travailleurs et économes ; elle est, après la Russie, le plus grand producteur de blé de l'Europe ; elle occupe le premier rang pour le vin, sinon par la quantité d'hectolitres, en tout cas par leur valeur ; elle a trois lignes de côtes qui lui permettent de lancer ses navires vers tous les points du globe : en sept jours nos Transatlantiques vont du

Havre à New-York ; en dix-sept jours les Chargeurs Réunis courent de Bordeaux à Rio-de-Janeiro ; en trente jours les Messageries Maritimes transportent nos marchandises de Marseille à Hong-Kong, par le canal de Suez que nous avons créé.

Notre épargne ne cesse de grandir ; et, si l'accroissement des fortunes individuelles, comparé à celui des autres pays, est proportionnellement plus rapide que celui de la fortune générale à cause du ralentissement de la natalité, il n'en est pas moins certain que notre force financière est restée considérable. Nous le prouvons par la facilité relative avec laquelle nous supportons l'effroyable fardeau d'un budget total de près de 4 milliards ; nous le prouvons encore mieux en absorbant tous les ans une quantité respectable de titres qui viennent grossir nos portefeuilles et dont les revenus s'ajoutent à ceux que nous tirons directement de notre travail.

Il semble que dans ces conditions les Bourses françaises et celle de Paris en particulier devraient continuer à tenir le premier rang parmi celles du monde, ou tout au moins n'être inférieures à aucune autre pour l'importance et l'activité des transactions.

D'où vient cependant que notre marché des valeurs mobilières ait tellement perdu de son ampleur ? D'où vient que nos financiers les plus sérieux se plaignent quotidiennement de la diminution des transactions et se préoccupent, avec une inquiétude croissante, des mesures à prendre pour faire cesser cet état de choses, contraire à la logique et funeste à nos intérêts ? C'est ce que nous allons essayer de rechercher. Le simple examen des phénomènes nous fera découvrir aisément le remède.

Dans les courtes mais éloquentes statistiques qui suivent, nous avons négligé à dessein les émissions de fonds d'État qui, ayant consisté presque uniquement en conversions, ne constituent pas à proprement parler des affaires nouvelles et sont, au contraire, plutôt défavorables aux porteurs de fonds dont elles diminuent le revenu. Les chiffres que nous donnons se rapportent uniquement aux valeurs de banque, de chemins de fer et d'industries diverses.

Voici le détail des nouvelles Compagnies anglaises (à responsabilité limitée) formées en 1889 :

	Livres sterling =	Francs
Manufactures	21.760.235 =	544.000.800
Mines.	36.989 040	921.726.000
Tramways	566.050	11.151.250
Navigation	5.280.420	132.010.000
Brasseries.	17.636.200	411.000.000
Chemins de fer.	10.104.830	252.620.000
Terrains et agricoles.	12.885.350	322.134.000
Électricité.	5.388.660	134.715.000
Finance et Banques	57.156.050	1.428.900.000
Gaz et Eaux.	2.714.000	67.850.000
Téléphones	675.000	16.875.000
Assurance.	592.000	14.800.000
Hôtels.	961.150	24.030.000
Diverses	30.338.950	758.473.750
Totaux	203.047.875	5.076.285.800

Il a été enregistré en Allemagne, pendant le cours de l'année 1889, 360 nouvelles Sociétés anonymes représentant un capital de 500 millions de francs, dont voici le détail :

| | Capital | |
	en marks.	en francs.
69 banques	62.000.000	77.500.000
14 Sociétés de construction	34.000.000	42.500.000
6 chemins de fer	7.000.000	8.750.000
15 autres entreprises de transports	9.000.000	11.250.000
13 mines, fonderies, salines	65.000.000	81.250.000
31 carrières et poteries	30.000.000	37.500.000
36 forges, constructions maritimes	42.000.000	52.500.000
15 produits chimiques, chauffage et éclairage	15.000.000	18.750.000
19 industries textiles	24.000.000	30.000.000
30 brasseries	23.000.000	28.750.000
10 fabriques de sucre	10.000.000	12.500.000
102 diverses	82.000.000	102.500.000
360	403.000.000	503.750.000 (1)

Une remarque curieuse à faire à propos de ces créations allemandes, c'est que ces valeurs ont été émises à un cours qui représente en moyenne une prime de 45 0/0.

Le même tableau dressé pour la France donne les chiffres suivants :

Chemins de fer	202 millions.
Canaux	67 —
Mines, Houillères	4 —
Bons de l'Exposition	30 —
Banques	160 —
Gaz et Eaux	30 —
Divers	4 —
Métallurgie	20 —
Divers	6 —
Total	523 millions.

Ainsi les Allemands ont presque atteint notre chiffre. Les seules émissions de titres de Compagnies industrielles indigènes et étrangères ont été, à

Londres, au nombre de 619, soit deux par jour; à Paris, il n'y en a pas eu une par semaine.

Le nombre des actions et obligations de Sociétés particulières, offertes aux capitalistes sur les marchés français, diminue d'une façon inquiétante, comparativement à ce qui se passe en Allemagne et en Angleterre.

Quels en sont les motifs?

Le marasme actuel du marché français est dû à trois causes principales :

A. L'excessive prudence de beaucoup de chefs de nos grandes maisons, qui ont été quelque peu troublés dans les dernières années par les incertitudes de la politique extérieure et intérieure, par les chutes retentissantes de certaines entreprises mal conçues et mal exécutées, telles que le Panama et les Métaux, et par les attaques auxquelles les financiers en général ont été en butte dans la presse et dans le Parlement. Il est difficile, d'ailleurs, de blâmer ceux qui ont charge d'âmes de redoubler de précautions et de devenir plutôt des « négatifs » après de semblables expériences ; mais il est à souhaiter en même temps que notre marché financier retrouve bientôt une direction plus virile, plus entreprenante.

B. La prédilection de plus en plus marquée que le public français témoigne pour les valeurs à revenu fixe, malgré la diminution constante de leur revenu, due à l'élévation des cours des fonds publics et aux opérations de conversion, avantageuses pour les Gouvernements, mais onéreuses aux rentiers.

Nous ne blâmons pas nos concitoyens de s'adresser dans une large mesure aux fonds publics; mais il ne faut rien exagérer et ne pas proscrire les valeurs industrielles, dont les revenus, s'ils sont variables, peuvent être fort rémunérateurs.

C. Enfin notre régime fiscal, qui pèse lourdement sur toutes les Sociétés françaises et qui, notamment, en nous obligeant à grever de prime abord le prix d'émission de frais que n'ont pas à payer nos concurrents du dehors, nous empêche souvent de concourir à l'étranger pour des entreprises industrielles ou de grands travaux de chemins de fer. Ce régime fiscal, d'autre part, ne facilite pas suffisamment l'accès du marché français aux actions et obligations de nombreuses Sociétés étrangères et contraint même une partie de ces valeurs à émigrer au bout d'un séjour plus ou moins long à la cote officielle de notre Bourse, lorsque les Compagnies s'aperçoivent que les avantages de la négociation en France ne compensent plus les charges qui en résultent pour elles.

Nous considérons cette question du régime fiscal comme tellement grave pour l'avenir de notre marché financier que nous allons en faire le sujet d'un chapitre spécial.

CHAPITRE II

Régime fiscal des Sociétés anonymes
en France, en Angleterre et en Allemagne.

Nos lois de timbre et les impôts exorbitants qu'elles font supporter aux titres, actions et obligations des Sociétés, élèvent contre la création de nouvelles valeurs une barrière dont les effets pernicieux se font sentir chaque jour davantage.

Empressons-nous tout d'abord de remarquer que nos critiques ne s'adressent point au régime fiscal des fonds d'État, régime que nous considérons, au contraire, comme excellent.

Les fonds d'État français ne paient absolument rien.

Les fonds d'État étrangers n'acquittent à leur entrée en France que le timbre fixe, payé une fois pour toutes, de un et demi pour mille, soit 1 fr. 50 par capital nominal de 1,000 francs ou 0 fr. 75 par titre de 500 francs; ils circulent sans difficulté chez nous; ils arrivent au portefeuille de nos capitalistes grevés d'un si faible droit que l'on peut dire que pour eux nous vivons sous le régime du libre échange.

Les titres de rente russe, espagnole, portugaise, hongroise et *tutti quanti* vont et viennent le plus aisément du monde, entrent en France et en sortent constamment, puisque le droit, payé une fois pour toutes, et dont l'acquit est constaté par l'apposition d'un timbre humide sur le titre, est fort léger et ne saurait faire obstacle à l'achat de ces fonds.

Au contraire, les droits dus par les Sociétés aussi bien françaises qu'étrangères sur leurs actions et obligations sont très élevés. On sait qu'afin de rendre leurs titres négociables, elles paient au fisc un ensemble de droits ANNUELS dont voici le résumé :

1° *Droit de timbre* (loi du 5 juin 1850) : six centimes par an, par cent francs sur le capital *nominal* (par exemple, une action de cinq cents francs, libérée du quart, paiera trente centimes, bien que 125 francs seulement soient versés).

2° *Droit de transmission* (loi du 23 juin 1857, modifiée par la loi du 29 juin 1872) : vingt centimes par an et par cent francs de capital versé réellement, calculé au cours moyen de la Bourse de l'année précédente : une action de 500 francs, cotée 800 francs, paiera 1 fr. 60. Si les titres sont nominatifs, ce droit annuel est remplacé, pour les Sociétés françaises, par un droit de 1/2 0/0 qui se perçoit à chaque mutation.

Les Sociétés étrangères paient le droit annuel de vingt centimes pour cent francs sur les titres nominatifs aussi bien que sur les titres au porteur, parce que, leurs registres de transferts n'étant pas contrôlés par les agents du fisc français, celui-ci ne pourrait saisir les mutations.

3° *Taxe de 3 0/0 sur le revenu distribué*, en vertu de la loi du 29 juin 1872, qui frappe de cet impôt les revenus des valeurs mobilières.

Pour faire ressortir, par un exemple, les charges que les trois impôts ci-dessus font peser sur les Sociétés, nous dirons qu'une Société au capital de 10 millions de francs, entièrement versés, divisé en 20,000 actions de 500 francs, circulant en France et cotées avec 100 francs de prime, soit 600 francs, et rapportant 30 francs, paiera au fisc :

Pour droit de timbre . . Fr.	6.000	»
— de transmission .	24.000	»
Impôt sur le revenu.	18.000	»
Total . . . . . Fr.	48.000	»

soit une charge annuelle de 2 fr. 40 par titre ; ou, en supposant que le bénéfice total de la Société ait été 600,000 francs, 8 0/0 de ce bénéfice !

Il faut signaler, entre les impôts payés par les Sociétés françaises et ceux supportés par les Sociétés étrangères admises en France, les différences suivantes : 1° l'abonnement *au droit du timbre* annuel n'est pas obligatoire pour les Sociétés françaises, qui peuvent toujours l'acquitter au comptant en le remplaçant par un droit une fois payé de 1 fr. 20 c. 0/0 ; 2° elles versent les droits sur la totalité de leurs titres, tandis que les secondes ne les supportent que sur la partie qui circule en France; 3° la Société étrangère ne peut pas se borner à acquitter l'impôt d'une année ; elle prend l'engagement de le payer pendant toute la durée de l'existence de la Société, s'il s'agit d'actions, ou des titres, s'il s'agit d'obligations. Afin de donner à cet engagement une sanction au moins temporaire, elle désigne au Trésor français, qui doit préalablement l'agréer, une maison ou une Société française, notoirement solvable, qui la représente en France, et garantisse l'acquittement des impôts pendant une durée minimum de trois années.

C'est seulement après avoir rempli toutes ces formalités et bien d'autres encore, dont nous parlerons plus loin, qu'une Société étrangère peut solliciter l'admission de ses titres à la cote d'une Bourse française, c'est-à-dire les faire négocier officiellement.

Nous rencontrons ici une nouvelle différence entre les Sociétés étrangères et les Sociétés françaises, différence qui ne résulte pas de la théorie, mais de la force même des choses : en effet, les Sociétés étrangères dont les titres circulent en France sont loin de payer toutes, sans exception, les taxes d'abonnement. Il en est beaucoup dont les titres ne sont pas cotés officiellement aux Bourses de Paris et de province, et donnent cependant lieu à des échanges.

Parmi celles-ci, la plupart ne sont pas abonnées et ne prennent vis-à-vis du fisc aucun engagement les titres sont simplement frappés du timbre au comptant, qui est de un franc vingt centimes pour cent, payés une fois pour toutes, et dont l'acquit est constaté par l'apposition d'une griffe humide. Le fisc prétend bien que, dès que les titres d'une Société circulent en France, celle-ci doit s'abonner. Mais, en fait, si la Société n'a aucun établissement sur notre territoire, aucun bien mobilier ou immobilier sur lequel les revendications fiscales puissent avoir prise, cette prétention reste vaine et dépourvue de sanction. Tout ce que l'administration peut faire, c'est de s'attaquer, non pas à la Société qui est insaisissable, mais au titre, qu'elle timbre, dès qu'il apparaît à la vitrine d'un changeur ou qu'il est produit dans un acte judiciaire ou notarié quelconque.

Cet ensemble de droits constitue pour toutes les Sociétés, mais particulièrement pour les Sociétés étrangères, un fardeau excessif. Nous n'en voulons pour preuve que les disparitions journalières de la cote officielle de Paris, d'actions et d'obligations de Sociétés considérables, qui ont pendant longtemps hésité à se retirer, mais qui ne peuvent plus continuer à s'imposer des sacrifices hors de proportion avec les résultats qu'elles en obtiennent.

C'est ainsi que nous avons successivement vu rayer de notre cote les actions du Chemin de fer Nord-Ouest d'Autriche, celles de la Banque de Crédit Italien, celles de la Grande Société des Chemins de fer Russes, les obligations des Chemins de fer Nord-Est-Suisse, des Chemins de fer autrichiens Archiduc-Rodolphe, les actions des Chemins de fer italiens de la Sicile occidentale, du Chemin de fer

Vienne-Pottendorf, les diverses séries des obligations de la Banque Centrale du Crédit Foncier de Russie, les obligations du Crédit Foncier Franco-Canadien, etc. Nous savons de source certaine que la même question s'agite dans le sein des Conseils d'administration de diverses autres Sociétés, et qu'il s'en faut de bien peu que cet exemple ne soit suivi par elles. — A mesure que dans les Compagnies de chemins de fer étrangers, pour ne citer que celles-là, l'influence des administrateurs indigènes tend à s'accroître au détriment de celle de leurs collègues français, la tendance des majorités est d'attribuer une importance de moins en moins grande à notre marché ; et malheureusement l'argument d'économie que nos taxes leur permettent d'invoquer donne à leur raisonnement un appui qui, sans cela, leur ferait souvent défaut. — De grandes Compagnies qui ont leurs actions et leurs obligations cotées chez nous, si elles ne les retirent pas, cessent au moins de nous apporter leurs émissions nouvelles. Ainsi la Compagnie Royale du Chemin de fer Portugais, dont toutes les actions, les obligations 3 0/0, les obligations 4 0/0 sont à notre cote, vient de contracter en obligations 4 1/2 0/0 un emprunt qui a été exclusivement réservé à l'Allemagne. Les Compagnies des Chemins de fer Autrichiens (Staatsbahn), du Sud-Autrichien (Lombards), qui ne connaissaient guère en fait de marchés étrangers que le marché de Paris, ont créé des séries d'obligations libellées en reichsmark et réservées exclusivement aux marchés allemands.

Les financiers français ont bien essayé d'enlever ces affaires à leurs rivaux étrangers; mais ils ont été battus parce qu'ils étaient obligés de majorer les prix qu'ils offraient d'une somme correspondant aux impôts à supporter.

Or, à l'époque actuelle, où la concurrence réduit considérablement les bénéfices et où dans les affaires financières en particulier, les divers groupes se disputent souvent des emprunts pour y gagner 1 ou 2 0/0, des taxes qui à elles seules représentent près de la moitié ou le quart de ce bénéfice mettent les Français constamment hors de combat.

Voyons maintenant quels sont les droits supportés en Angleterre et en Allemagne par les fonds d'État et par les actions et obligations de Sociétés.

ANGLETERRE.

Les droits de timbre en Angleterre sont les suivants :

Fonds anglais. — Exempts de droits de timbre et de transfert comme chez nous.

Fonds coloniaux anglais. — Paient un droit de 1/2 0/0 à l'émission pour les titres au porteur, mais sont ensuite exempts de tous droits. Les titres nominatifs sont exempts même du droit de 1/2 0/0.

Fonds d'État étrangers. — Tous ceux qui ont été émis postérieurement au 6 août 1885 et qui le seront à l'avenir supportent un timbre de 1/2 0/0, payé une fois pour toutes.

Ceux qui ont été émis antérieurement à cette date paient, en dehors de l'ancien droit fixe de 1/8 0/0 qu'ils ont acquitté, le timbre *annuel* de 1/2 0/00 (1).

Sociétés particulières anglaises. — Les titres de ces Compagnies paient 1/2 0/0 à chaque transfert pour les actions et obligations nominatives, ce droit étant calculé sur le cours auquel la négociation a lieu. Aucune Compagnie anglaise n'émet d'actions au porteur. Certaines Compagnies anglaises dispensent, leurs actionnaires de payer le droit de transfert de 1/2 0/0 en faisant un arrangement avec le fisc de façon à payer un forfait *(lump sum)* pour les actions. Cet arrangement est renouvelable de six mois en six mois et comporte le paiement de 1/4 0/00 par semestre. Quant aux obligations au porteur, elles payent un droit de 1/2 0/0, acquitté une fois pour toutes.

Sociétés étrangères. — Les titres des Compagnies étrangères qui n'ont pas de domicile en Angleterre paient un timbre *annuel* de 1/2 0/00 (actions et obligations), si ces dernières ont été émises à l'étranger.

Si les obligations de Sociétés étrangères sont émises en Angleterre, elles supportent le droit de 1/2 0/0 payé une fois pour toutes. Quant aux actions, elles

---

(1) *Le droit annuel n'est dû qu'autant que le titre donne lieu à un échange dans le courant de l'année.* Si les titres restent par exemple en dépôt dans une banque, sous le dossier d'un client, du 31 décembre 1889 au 1er janvier 1891, aucun droit ne sera dû pour l'année 1890. Cette observation s'applique d'une façon générale au calcul des droits annuels.

ne peuvent être émises en Angleterre que par des Compagnies domiciliées en Angleterre.

Les actions et obligations nominatives de Compagnies étrangères qui *établissent un domicile en Angleterre* sont sujettes à un droit de transfert de 1/2 0/0.

Le fisc *(Inland revenue department)* a pouvoir, cependant, pour traiter à forfait avec les Compagnies, et substituer un versement semestriel *(lump sum)* au droit de transfert de 1/2 0/0.

Les actions et obligations de ces mêmes Compagnies au porteur paient un droit de 1/2 0/0 acquitté une fois pour toutes.

En résumé, les titres, quels qu'ils soient, paient, ou bien un timbre fixe de 1/2 0/0, ou un droit de transfert de 1/2 0/0, ou encore un timbre annuel de 1/2 0/00 (connu familièrement sous le nom de *Göschen-stamp,* d'après le nom du chancelier de l'Échiquier qui a été l'auteur de cette nouvelle législation).

Mais ce qu'il faut observer par-dessus tout, et ce qui est du plus haut intérêt pour la question qui nous occupe, c'est qu'en Angleterre les frais de constitution des Sociétés sont à peu près nuls. En effet, tandis que chez nous la Société nouvelle est, du jour de sa naissance, condamnée à payer à jamais les taxes énumérées plus haut, la Compagnie anglaise n'a d'autre droit à acquitter que un pour mille sur son capital, plus une certaine somme fixe qui ne peut dépasser 1,250 francs.

Une fois constituée, la Société ne doit plus rien. Ses

titres seuls sont taxés, à moins que la Société ne préfère traiter à forfait avec le fisc et lui payer une somme semestrielle afin que les échanges de ses titres ne supportent aucun droit. Mais ce n'est pour elle qu'une faculté, et non une obligation.

ALLEMAGNE.

Les droits qui frappent actuellement les titres en Allemagne ont été établis par la loi de 1885.

Ils se divisent en droits de timbre *(Reichstempel-steuer)* et impôt sur les transactions *(Umsatzsteuer)*. La base en est la proportionnalité. Chaque titre négocié doit être timbré. Chaque transaction doit donner lieu à un arrêté *(Schlussnote)* sur lequel un timbre est apposé.

Voici le résumé du tarif :

TIMBRE SUR ACTIONS, RENTES ET OBLIGATIONS.

Fonds nationaux exempts de tous droits.

Actions indigènes et étrangères, 1/2 0/0 à payer une fois pour toutes.

Rentes et obligations indigènes; Rentes et obligations d'État, de corporations, de Sociétés étrangères : 2 0/00 à payer une fois pour toutes.

Rentes et obligations indigènes au porteur des communes, des associations de propriétaires fonciers urbains ou ruraux, des banques hypothécaires et foncières, des entreprises de transports, émises avec l'autorisation gouvernementale : 1 0/00 à payer une fois pour toutes.

IMPOT SUR LES TRANSACTIONS :

Pour les billets de banque étrangers, monnaies étrangères et l'une quelconque des valeurs désignées plus haut : 1/10 0/00 (un franc par 10,000 francs) à payer lors de chaque transaction.

Les droits allemands sont particulièrement modérés, fortement inférieurs aux nôtres et, presque toujours même, inférieurs aux droits anglais. — Les droits annuels sont, il est vrai, remplacés en Allemagne par un droit qui frappe chaque transaction, ce qui explique que la quotité de ce droit soit cinq fois plus faible qu'en Angleterre (un dixième 0/00 au lieu de un demi 0/00) ; mais les droits fixes, payés une fois pour toutes, sont d'une grande modicité.

Les produits de ces impôts n'ont cessé de croître en Allemagne dans ces dernières années. En 1889, l'impôt sur les transactions a fourni plus de 18 millions et l'impôt du timbre sur les titres plus de 13 millions de francs.

On remarquera l'intelligence avec laquelle les droits ont été établis dans ces deux pays, de façon à faciliter la création de Sociétés et l'introduction de leurs valeurs. Les droits de timbre à apposer sur les titres sont de nature à ne jamais faire obstacle à la mise sur pied d'une entreprise nouvelle. Une fois les titres créés, la Société est dégagée de toute responsabilité, et les droits sont acquittés uniquement par les propriétaires des titres lors des transactions auxquelles ils donnent lieu.

Afin de montrer par un exemple pratique l'infériorité dans laquelle notre mode de prélèvement des droits fiscaux place les Sociétés françaises, rappelons qu'une Compagnie formée au capital de 10 millions, pour construire et exploiter un chemin de fer situé à l'étranger, devra payer en France 48,000 francs par an pour acquitter les droits. Elle devra ajouter à ses devis et faire entrer dans ses prévisions cette somme annuelle de 48,000 francs, qui, au taux de 5 0/0, représente un capital de 960,000 francs; elle devra majorer d'autant le coût des propositions qu'elle fera au gouvernement ou à la province étrangère avec laquelle elle veut traiter. Au contraire, ses concurrents anglais ou allemands auront tout au plus à majorer le capital d'une cinquantaine de mille francs.

En résumé, en France, la Société elle-même est astreinte à payer tous les ans au fisc une somme considérable pour l'ensemble des droits dont elle est grevée.

En Angleterre et en Allemagne, la Société, une fois créée, n'a plus rien à supporter. Du jour même où elle est entrée en activité, ce sont les porteurs de titres qui, seuls, ont désormais à acquitter des droits au fur et à mesure des négociations.

CHAPITRE III

Formalités pour l'admission aux cotes
de Paris, Londres, Berlin.

Nous venons d'examiner le point de vue fiscal : nous avons montré quels impôts pèsent en France sur les fonds d'État et sur les titres des Sociétés particulières ; nous avons montré quelles sont ces mêmes taxes en Allemagne et en Angleterre ; les différences qui résultent de cette comparaison sont à notre désavantage. Examinons maintenant un autre côté de la question, c'est-à-dire la façon dont ces différentes valeurs arrivent à la cote.

Les fonds d'État français sont admis de droit.

Les fonds d'État étrangers, qui furent pendant longtemps exclus, sont admis depuis l'ordonnance de 1823, qui semble même, par son texte presque impératif, prescrire d'office l'inscription de ces fonds. L'article 1er porte : « A l'avenir, les effets publics des gouvernements étrangers seront cotés sur le cours authentique de la Bourse de Paris. » Sous la Restauration, on était plus libéral qu'aujourd'hui.

Toutes autres valeurs françaises ou étrangères peuvent être admises à la cote ou en être rayées par la Chambre syndicale des agents de change, sous réserve, toutefois, de l'autorité du Ministre des finances, à laquelle la Chambre syndicale est soumise d'une façon générale.

Les valeurs étrangères ne peuvent être admises qu'après agrément du Ministre des finances et du Ministre des affaires étrangères. Pour l'admission de ces dernières, un décret rendu le 6 février 1880, a prescrit les formalités à remplir et les documents et pièces justificatives que les Chambres syndicales doivent se faire remettre.

Ce décret entoure de précautions minutieuses l'admission à la cote de toute valeur nouvelle et soulève fréquemment de grandes difficultés. Il est parfois malaisé aux Compagnies étrangères ou aux maisons françaises qui les représentent de se procurer toutes les pièces exigées; il y a là, du moins, une source de lenteurs préjudiciables à la bonne marche des affaires. Néanmoins, ce n'est ici qu'une considération secondaire et ce léger désavantage est compensé par les garanties que donnent au public ces enquêtes conduites par des hommes honorables et compétents. Mais l'approbation qu'on demande aux Ministres des finances et des affaires étrangères, et qui tend à engager la responsabilité du gouvernement, doit être absolument supprimée.

On ne s'est pas contenté d'imposer aux agents de change l'obligation de s'entourer ainsi du plus grand nombre de renseignements possibles avant d'ouvrir la cote à une nouvelle valeur; on a voulu faire découler pour eux de cette admission une responsabilité qui, dans certains cas, leur a infligé des pertes d'argent considérables, en les obligeant à indemniser les acquéreurs de titres admis à la cote. Nous rappellerons à cet égard la célèbre affaire des bons hypothécaires de la Compagnie du chemin de fer Memphis-El-Paso et Pacifique, appelée plus tard Compagnie du Transcontinental du Sud des États-Unis. Un arrêt de la chambre civile de la Cour de Cassation du 4 décembre 1877 décida que les agents de change avaient admis ces valeurs à la cote sans avoir rempli toutes les formalités prescrites, et que, par conséquent, ils devaient dédommager les acquéreurs de ces bons qui, sur la foi de cette cote, les avaient achetés.

Il est résulté de cette jurisprudence que les Chambres syndicales d'agents de change, au lieu d'être disposées à ouvrir la cote au plus grand nombre de valeurs possible et à encourager par conséquent les transactions, tremblent chaque fois qu'on leur soumet le dossier d'une affaire nouvelle, hypnotisées toujours par le souvenir de cette condamnation et par la crainte fort naturelle de subir de nouvelles pertes analogues aux précédentes.

Nous croyons que les juges, en agissant de la sorte, se sont écartés de la saine notion de ce qu'est la cote : en effet, de ce qu'un titre de rente, une action ou une obligation y est inscrite, il ne résulte nullement que la Chambre syndicale se porte garante vis-à-vis du public du mérite du titre dont elle enregistre ainsi les prix. Coter une valeur, c'est simplement porter à la connaissance du public les cours auxquels cette valeur s'échange, c'est-à-dire auxquels il y a acheteurs et vendeurs. On peut donc bien demander à la Compagnie de s'assurer que toutes les questions de forme ont été correctement réglées, que la constitution d'une Société a été faite selon les règles, et encore cette constatation est-elle bien difficile pour les sociétés étrangères ; on ne peut guère demander à d'honorables officiers ministériels chargés d'acheter et de vendre les titres d'être en même temps de profonds jurisconsultes versés dans la législation des autres pays.

Nous devons d'ailleurs ajouter que, en dehors de cet arrêt de 1877 qui a rendu les agents de change responsables, il y a eu d'autres cas où, au contraire, cette responsabilité n'a pas été admise. La jurisprudence est flottante. La plupart des auteurs qui ont traité la matière, (Fliniaux, Mollot, Ruben de Couder, etc.) sont absolument opposés à ce qu'on crée contre les agents de change une responsabilité *spéciale* résultant de l'admission par eux d'une valeur à la cote. Nous disons responsabilité spéciale : il est certain que les agents de change, comme tous les autres Français, sont responsables devant la loi du préjudice qu'ils ont causé par leur faute. On ne peut donc pas dire actuellement que cette responsabilité spéciale existe, mais la menace en est suspendue sur la tête des agents et les paralyse. Il y aurait urgence à trancher la question par un texte précis : nous voulons espérer que cela sera fait par le règlement d'administration publique que le Conseil d'État élabore en ce moment pour les Compagnies d'agents de change.

Un point extrêmement délicat, et qui aurait besoin d'être éclairci, est celui dont nous avons déjà dit un mot : l'intervention du gouvernement dans l'admission d'une valeur étrangère à la cote. Lorsque la Chambre syndicale des agents de change a prononcé l'admission d'un fonds d'État étranger ou d'une valeur étrangère, le dossier est envoyé au Ministre des finances, qui se concerte lui-même avec le Ministre des affaires étrangères et donne à la Chambre syndicale une réponse au sujet de l'admission proposée.

Il résulte de cette procédure que les agents de change — et avec grande apparence de raison — se déclarent couverts par cette approbation plus ou moins explicite du ministre. Celui-ci a beau la communiquer dans les termes les plus réservés, déclarer « qu'il ne fait point d'objections » et employer des circonlocutions diplomatiques; il n'en est pas moins constant que le ministre a eu toutes les pièces en main, puisqu'il se fait remettre un double de toutes celles dont la Chambre syndicale doit être nantie; que, par conséquent, il a fait usage de l'autorité que la loi lui confère sur celle-ci, et qu'en fin de compte il endosse une véritable responsabilité.

Nous espérons ne pas être contredits par nos lecteurs si nous déclarons qu'à notre sens le gouvernement n'a pas à intervenir; que la composition des honorables corporations d'agents de change est une garantie suffisante qu'elles n'admettront jamais des valeurs dont l'inscription offrirait un inconvénient quelconque au point de vue national, le seul dont le gouvernement, en cette matière, ait à se préoccuper; que si, par impossible, le cas se présentait, le Ministre pourrait toujours intervenir après coup pour demander la radiation de la valeur ; mais qu'en thèse générale, il est inutile et dangereux de vouloir faire supporter une responsabilité quelconque au gouvernement, de nature à l'exposer aux revendications d'actionnaires ou d'obligataires qui se seraient trompés dans le choix de leurs placements et qui viendraient en accuser l'administration. Nos compatriotes ne sont déjà que trop disposés à lui imputer tous leurs mécomptes, sans vouloir avouer que c'est leur propre prudence ou leur énergie qui a été en défaut.

Quels sont, d'ailleurs, les effets de cette intervention du gouvernement ? D'avoir, par exemple, enrichi pendant longtemps notre cote de l'emprunt mexicain émis par Maximilien, et dont les titres étaient tombés à rien.

Voyons maintenant ce qui se passe à l'étranger, en Allemagne tout d'abord.

La Bourse de Berlin est gouvernée par le Collège des anciens *(ältesten Collegium)* composé de vingt-un membres élus pour trois ans par les commerçants de Berlin et toujours rééligibles, et par la commission des experts *(Sachverständigen-Commission)* élue par les membres de la Bourse. C'est en partie dans le sein de cette dernière commission et en partie parmi les autres banquiers que le Collège des anciens choisit le commissariat de la Bourse, qui est le pouvoir exécutif.

On voit donc que la Bourse s'administre elle-même, au moyen de corps électifs choisis dans le sein du commerce. Ceci exposé, voici le texte de la loi très simple qui sert de base fondamentale :

§ *13 de l'Ordonnance concernant la Bourse.*

« Les sections du commissariat de la Bourse fixent les nouvelles valeurs qu'il est permis aux courtiers assermentés de négocier.

» Le commissariat de la Bourse des valeurs mobilières ne peut autoriser les négociations d'un titre par les courtiers avant que la maison qui l'introduit ait fait afficher à la Bourse et insérer dans les journaux berlinois les données principales nécessaires pour le juger.

» Il peut être appelé des décisions du commissariat de la Bourse devant le Collège des anciens.

» Aucun courtier assermenté ne peut faire d'affaires

dans une valeur qui n'est pas encore admise aux négociations. »

Voyons ensuite le règlement qui préside aux admissions; ce règlement s'intitule modestement : « Points de vue dirigeants qui résultent de la pratique en usage du commissariat de la Bourse au sujet des prospectus d'introduction prescrits par le § 13 de la nouvelle ordonnance concernant les Bourses. » Le titre seul indique déjà que les Allemands se sont fort sagement rendu compte qu'on n'était pas là sur un domaine qui admette un texte de loi absolu et des condamnations édictées *a priori*, sans tenir compte des circonstances de chaque affaire. Nous allons traduire les prescriptions générales qui sont inscrites en tête de ce règlement; les auteurs en ont bien compris qu'il ne fallait pas fixer un cadre rigide, mais permettre aux financiers chargés d'appliquer ce règlement de s'inspirer des circonstances pour être plus ou moins stricts dans son application.

Le règlement débute ainsi :

CONDITIONS GÉNÉRALES DE L'ADMISSION DES VALEURS AUX NÉGOCIATIONS DE LA BOURSE.

« I. — Les intérêts et les dividendes aussi bien que les titres amortis ou appelés au remboursement doivent, *autant que possible*, être payables à Berlin; les publications y relatives doivent être insérées dans les journaux berlinois.

» II. — Les valeurs dont on demande d'autoriser la négociation doivent être libérées. Il n'est admis d'exception que pour les actions d'assurance et pour les actions qui ont été libérées par voie législative *aussi bien que pour d'autres cas spéciaux devant être particulièrement pris en considération.*

» III. — Lorsqu'on abaisse le taux d'intérêt de valeurs déjà cotées, il n'est pas nécessaire de produire un nouveau prospectus d'introduction, à moins que la conversion implique une élévation du capital.

» IV. — Pour les valeurs libellées en monnaies étrangères, une entente préalable est nécessaire avec le commissariat de la Bourse pour fixer le change auquel se régleront les affaires.

» V. — En présentant le prospectus, il faut tenir compte du fait que le rapporteur près le commissariat de la Bourse doit avoir à sa disposition les documents nécessaires au moins un jour plein avant la séance du commissariat où l'admission doit être décidée. Il faut joindre également au dossier un type de la valeur à introduire, pour autant que ce type existe déjà. »

A la suite de ces prescriptions si libérales viennent 14 paragraphes spéciaux à chaque catégorie de valeurs, énumérant pour chacune d'elles les indications que doit fournir le prospectus ; ces 14 articles ne contiennent rien qui vienne modifier l'esprit du préambule ci-dessus. On remarquera avec quelle modération ces proscriptions sont rédigées et quel soin on a pris de laisser les membres mêmes du commissariat de la Bourse juges des circonstances, de façon que jamais l'admission d'une valeur ne puisse se heurter à des difficultés insurmontables résultant de règles imposées *a priori* par le législateur. Comment celui-ci pourrait-il prévoir les formes si variées et si complexes que la transformation incessante des affaires suscite chaque jour ?

La règle tutélaire, qui forme le caractère distinctif de l'organisation allemande, est que chaque affaire doit se présenter au moyen d'un prospectus ; ce prospectus doit être signé d'une ou plusieurs maisons de banque qui en prennent ainsi la responsabilité vis-à-vis du commissariat de la Bourse et vis-à-vis du public. Une fois que ce prospectus a été créé, deux ou trois courtiers assermentés enregistrent, sous la surveillance journalière du commissaire de la Bourse en fonctions, les premiers cours pratiqués sur la valeur.

D'ailleurs, les Allemands ne considèrent pas que leur réglementation soit parfaite ni définitive. Ils cherchent chaque jour à l'améliorer, toutes les fois que l'expérience leur en suggère l'occasion. Mais point n'est besoin pour cela de mettre en mouvement l'appareil législatif. On considère à juste titre que la Bourse est aux financiers, et on charge les financiers de régler les questions qui les intéressent. Ainsi, l'année dernière, des conditions nouvelles ont été édictées en cas d'augmentation de capital des

Sociétés : celles-ci seront dorénavant tenues d'émettre à cette occasion un second prospectus. En effet, souvent cette simple augmentation de capital cachait une véritable création et l'importance des sommes appelées dépassait de beaucoup celle du capital d'origine : il était donc raisonnable d'exiger que le public fût mis au courant de toutes les conditions de l'affaire, telles que le prix d'achat des nouveaux établissements (s'il s'agissait de valeurs industrielles), les termes d'amortissement, les calculs de bénéfices, etc. Cette réforme a été opérée par le commissariat de la Bourse de Berlin, en novembre 1889, et le *Journal de Francfort* (1) demandait avec beaucoup de justice qu'elle fût étendue aux autres Bourses allemandes. Le même journal demandait aussi qu'un intervalle raisonnable fût laissé entre la publication du prospectus et le jour de la souscription.

En Angleterre, l'organisation de la Bourse est la suivante :

Le *Stock Exchange* est une association particulière au capital de 240,000 livres sterling (six millions). L'action, de 20 livres sterling (500 francs), vaut aujourd'hui 155 livres sterling (3,875 francs). Il est administré par neuf de ses membres qui forment le Comité des directeurs-fidéicommissaires *(Managers and trustees)*. Ces neuf membres sont choisis tous les ans à l'élection (cinq actions donnant droit à un vote) par

---

(1) Voir le n° du 28 novembre 1889, de la *Franckfurter Zeitung*.

tous les membres du *Stock Exchange (brokers* et *jobbers)*, le 20 mars, pour entrer en fonctions cinq jours après. C'est, en effet, le 25 mars, que commence l'année du *Stock Exchange*. Personne ne peut être actionnaire s'il n'est membre du *Stock Exchange*. Aucun actionnaire ne peut avoir plus de deux cents actions. Le bâtiment est la propriété de la Société.

En dehors du Comité des directeurs-fidéicommissaires, qui sont plus spécialement chargés de l'administration des capitaux de la Société, il existe, pour la surveillance et la conduite de la Bourse, un Comité général *(Committee for general purposes)* composé de trente membres élus chaque année (25 mars); leurs fonctions sont gratuites. C'est ce Comité qui examine les demandes d'admission à la cote.

Il peut y recevoir en premier lieu les titres de tous emprunts dont les coupons sont payables en Angleterre, à condition que l'emprunt ait été négocié publiquement, par adjudication, par contrat ou autrement, que les titres spécifient le montant et les conditions de l'emprunt, l'autorisation en vertu de laquelle il a été contracté, les numéros et la dénomination des titres émis, et portent la signature autographe du contractant ou de l'agent dûment autorisé.

Les titres ne sont pas admis avant d'avoir été approuvés par le Comité. Ceux dont les coupons sont payables à l'étranger peuvent être cotés après qu'il a été fourni des renseignements authentiques sur le montant créé et la preuve qu'ils sont cotés officiellement dans le pays où ils ont été émis. Pour les Compagnies anglaises, le Comité peut ordonner l'admission de leurs valeurs à la cote officielle *(official list)*, pourvu que la Compagnie ait un caractère de bonne foi *(bona fide)*, qu'elle soit d'une importance suffisante, que les documents nécessaires aient été remis au secrétaire du département des actions, que le prospectus ait été publié et soit d'accord en substance avec l'Acte du Parlement (loi sur les Sociétés) et avec les statuts, et, dans le cas de Compagnie à responsabilité limitée, contienne le mémorandum (statuts) de l'Association; pourvu enfin qu'on n'émette pas moins de la moitié du capital nominal et qu'un dixième minimum du montant souscrit soit versé.

Il faut encore que les deux tiers de la partie émise du capital nominal aient été souscrits et attribués au public (les actions d'apport n'étant pas comprises dans ce montant), que les statuts de la Société défendent aux administrateurs d'employer les fonds de la Compagnie à l'acquisition de ses propres actions et qu'un membre du Stock Exchange soit autorisé par la Compagnie à donner des informations complémentaires sur la formation de l'entreprise et en mesure de fournir au Comité tous les renseignements qu'il pourrait demander.

Quant aux actions de Compagnies étrangères, elles doivent, pour être admises à la cote de Londres, avoir été cotées officiellement dans leur pays d'origine.

Enfin, le Comité *engage* les courtiers à ne pas prêter leur nom à l'émission d'une Compagnie sans avoir fait une enquête sur la bonne foi de son caractère et de ses promoteurs, directeurs ou concessionnaires, ou de toutes autres personnes avec lesquelles elle peut avoir des intérêts.

Remarquons ici, comme nous l'avons fait pour les prescriptions allemandes, que les Anglais, gens pratiques, sentent bien qu'ils sont dans le domaine du contingent et non pas de l'absolu ; ils insistent sur la question de bonne foi, l'honorabilité des personnes intéressées à l'entreprise ; en effet, tout le monde en affaires peut se tromper ; la grosse question est de n'avoir pas cherché à tromper le public et de s'être, au contraire, entouré de toutes les précautions raisonnables pour bien s'assurer de la qualité de l'entreprise qu'on veut lui présenter.

Il nous serait facile de poursuivre cette étude dans d'autres pays, de parler des cotes belges, hollandaises, autrichiennes, intéressantes à bien des égards ; de passer l'Atlantique et de montrer le prodigieux développement atteint en moins d'un demi-siècle par la cote de New-York, en un quart de siècle par celle de Buenos-Ayres. Mais nous ne voulons point forcer les comparaisons et chercher des arguments en notre faveur dans des pays neufs, différents du nôtre à tant d'égards. Nous nous contentons de puiser aujourd'hui des enseignements chez les deux grandes nations voisines, semblables à la nôtre, d'une façon générale, par le degré de civilisation auquel elles sont arrivées, par l'importance des capitaux qui s'y accumulent, par les charges budgétaires qu'elles se sont imposées. On ne pourra donc pas nous objecter que ce qui réussit chez elles serait impraticable chez nous.

SECONDE PARTIE

RÉFORMES

CHAPITRE IV

Réformes fiscales.

Nous venons d'examiner l'état de notre marché financier; nous avons signalé les imperfections de notre système fiscal, de notre cote ou plutôt des formalités qui en défendent les abords. Nous voudrions, dans cette seconde partie de notre travail, tirer les conclusions de nos critiques. Car rien n'est plus stérile que l'énumération des symptômes d'une maladie, si elle n'est pas suivie de l'indication des remèdes.

Mais si nous n'aimons pas rester dans le domaine des controverses platoniques, nous prétendons encore moins proposer des solutions radicales, des projets compliqués et tout d'une pièce. Nous ne sommes en quête que d'améliorations partielles et progressives.

Pour ce qui est en particulier des questions fiscales, auxquelles l'ordre de nos matières nous ramène en premier lieu, nous commençons par déclarer que nous avons simplement cherché à provoquer des études approfondies sur la matière, et nous nous bornerons à indiquer les diverses voies dans lesquelles on pourrait, selon nous, chercher l'amélioration.

Nous serons beaucoup plus affirmatifs, en ce qui concerne les modifications aux coupures d'actions et au règlement des agents de change et la nouvelle loi sur les Sociétés dont nous sommes menacés.

Nous avons vu que notre législation fiscale, très libérale pour les fonds d'Etat, est très dure à l'endroit des Sociétés. Nous n'ignorons pas que vouloir remanier ces impôts, qui datent pour la plupart de 1872, et qui ont été établis pour faire face aux charges nouvelles de notre budget, est œuvre singulièrement délicate. Il n'est pas possible de s'attaquer sans la plus grande prudence à une source de revenus qui, pour l'année dernière, a produit au Trésor plus de 100 millions de francs. Mais il n'en est pas moins certain que les intérêts en jeu sont assez considérables pour que la question doive être examinée. La nomination d'une grande commission, dont les membres seraient choisis, partie dans le Parlement, partie dans le monde des affaires, nous paraîtrait fort opportune. Nous voudrions qu'elle examinât les diverses solutions qui peuvent être données au problème, tant pour les Sociétés françaises que pour les Sociétés étrangères. Le plus pressé serait de s'occuper tout d'abord de ces dernières : il est urgent d'enrayer le mouvement qui fait peu à peu abandonner notre marché à beaucoup de titres.

En approfondissant cette dernière question, on constate :

A. Que le nombre des Sociétés étrangères qui paient les droits fiscaux français est très faible relativement à celui des Sociétés françaises, et surtout très faible relativement à celui des Sociétés étrangères qui auraient intérêt à ouvrir notre marché à leurs titres.

B. Que l'ensemble des droits annuels payés par ces Sociétés ne dépasse pas, dans l'état actuel des choses, 10 millions de francs environ.

C. Que par conséquent nous pouvons remanier la législation relative à ces droits sans craindre de compromettre en quoi que ce soit l'équilibre du budget. Si même il se produisait une petite diminution de recettes, elle ne serait que passagère. Dès que les nombreuses Sociétés étrangères qui ont joui des bienfaits de notre cote sauraient qu'elles peuvent rentrer en possession de cet avantage à un prix abordable, bien inférieur à celui qu'elles payaient autrefois et qui les avait fait renoncer au marché français, elles s'empresseraient d'y ramener leurs titres. En outre, les entreprises nouvelles qui n'osaient y aspirer, parce que d'écrasantes charges fiscales les en détournaient, reviendraient s'offrir à nos banques et à nos banquiers.

Pour atteindre ce résultat, on pourrait diminuer d'une façon générale les droits de timbre et de transmission qui pèsent sur les valeurs étrangères (on ne saurait toucher à la taxe de 3 0/0 sur le revenu, qui ne frappe pas seulement les revenus des Sociétés et qui fait partie intégrante de notre organisme financier). On pourrait encore, sans rien modifier à la quotité des droits, ne les percevoir que sur une fraction telle du nombre total des titres des Sociétés étrangères, que celles-ci ne soient pas tentées d'abandonner notre marché. Cette observation s'appliquerait surtout aux obligations, dont la quotité imposable ne peut, d'après les règlements actuels, être inférieure aux quatre dixièmes de la totalité des titres émis.

On pourrait enfin imiter l'Allemagne et l'Angleterre et décider que pour les valeurs de Sociétés étrangères, les droits annuels de timbre et de transmission seraient remplacés par un droit fixe de 1 0/0 par exemple applicable aux actions, et de 1/2 0/0 applicable aux obligations, droit fixe payable une fois pour toutes et dont l'acquit serait constaté par l'apposition d'un timbre humide sur le titre lui-même.

Nous croyons que, grâce à l'adoption d'une réforme de ce genre, le chiffre des actions étrangères qui viendraient se faire coter chez nous dépasserait très rapidement la quantité nécessaire pour que les recettes du Trésor ne subissent aucune diminution de ce chef. Il est difficile d'exagérer l'importance de la reprise d'activité qui ne manquerait pas de se manifester sur le marché par suite de l'entrée ou de la rentrée en France de ces papiers.

On objectera que ce serait favoriser les Sociétés étrangères au détriment des Sociétés françaises. Nous répondrons que la plupart des Sociétés étrangères supportent déjà dans leurs pays d'origine des taxes du même genre et que par conséquent les droits qu'elles viennent acquitter ici, sont un surcroît qui s'ajoute à leurs charges ordinaires.

Nous savons bien qu'une certaine école est opposée aux placements en valeurs étrangères et approuve par conséquent tout ce qui peut faire obstacle à leur circulation en France (1). Pour cette école, plus les droits seront élevés, plus on opposera de barrières à l'entrée de ces titres chez nous, et plus on rendra service à l'épargne et aux capitaux français. Mais est-il besoin de combattre longuement cette théorie ? A-t-on oublié qu'en 1871 la grande quantité de fonds étrangers dont les capitalistes français se trouvaient détenteurs, nous a permis de solder l'indemnité de guerre sans provoquer la crise monétaire formidable qui nous menaçait ? La France est aujourd'hui avec l'Angleterre le plus vaste réservoir des capitaux : c'est même là une de ses grandes forces, puisqu'elle ne donne plus, à l'égal de ses voisins, le jour à un assez grand nombre d'enfants

---

(1) Voir à ce sujet le *Péril Financier* par R. G. Lévy, chap. XIII, Rappel des valeurs étrangères en France.

pour essaimer autour d'elle et pour déborder sur le reste du globe comme le font les Anglo-Saxons, les Allemands et même les Italiens ; nous ne parlons pas des Russes qui, dans les limites de leur vaste empire, se multiplient avec une rapidité extraordinaire.

La France donc, qui travaille, épargne et accumule, a besoin d'emplois pour tous ses capitaux.

Elle peut certes en trouver chez elle, et elle en trouve : mais elle doit en chercher également au dehors, d'aussi fructueux, de plus fructueux même. A l'intérieur de nos frontières, sauf certaines exceptions de temps et de lieu, les capitaux sont abondants, le loyer en est peu rémunérateur. A l'heure même où nous écrivons, le taux d'escompte de la Banque de France est le plus bas du monde entier, exception faite de la Hollande : il est à 3 0/0, quand celui de la Banque d'Angleterre est 5 0/0, celui de la Reichsbank allemande 4 0/0, de la Banque nationale Belge 4 0/0, celui de la Banque nationale d'Italie 6 0/0, celui de la Banque Austro-Hongroise 4 0/0, celui de la Banque d'Espagne 4 0/0, celui de la Banque de Portugal 5 0/0, celui de la Banque d'État de Russie 6 0/0, celui de la Banque de Genève 5 0/0, celui de la Banque de Bombay 12 0/0.

Il est donc évident que notre rôle est de porter l'excédent disponible de nos capitaux là où ils ont une valeur supérieure, par exemple dans les pays neufs comme la République Argentine, le Chili, le Brésil, l'Australie, le Transvaal, etc.

Or, plus nous faciliterons l'accès de notre marché aux valeurs étrangères et plus nous donnerons à tous les pays jeunes le moyen de se mettre en rapport avec nous, en nous offrant des occasions constantes de nous intéresser à leurs affaires et d'en retirer de larges profits.

Cette revision de la législation fiscale en ce qui concerne les Sociétés étrangères ne serait que le prélude d'une réforme générale appliquée aux Sociétés françaises. Car la façon la plus intéressante d'exercer notre activité au dehors, est certainement celle qui consiste à fonder chez nous des Sociétés qui rayonnent au delà de nos frontières et qui, tout en portant à l'étranger l'objet principal de leurs efforts, aient leur siège social et leur administration en France. C'est ainsi que plusieurs de nos grands établissements de crédit fondent des Compagnies de chemins de fer qui ont pour objet la construction et l'exploitation de lignes dans diverses contrées et dont les titres figurent à notre cote parmi les valeurs *françaises*. Dans cette catégorie nous trouvons, par exemple, la Compagnie française des Chemins de fer Argentins, la Compagnie générale des Chemins de fer Brésiliens, la Compagnie des Chemins de fer de la province de Santa-Fé, la Compagnie française des Chemins de fer Vénézuéliens, etc. Or, ces Sociétés, avant d'obtenir les concessions qu'elles exploitent, ont été en concurrence avec des demandeurs étrangers, et nous avons montré plus haut comment, pour se constituer, elles ont eu à lutter contre des difficultés considérables par le fait seul des impôts qu'elles doivent acquitter au fisc français. En effet, alors qu'une Compagnie anglaise ou allemande offre à l'État ou à la province qui vend la concession une redevance de tant de millions de francs, le concurrent français ne peut promettre qu'une somme diminuée de toute cette charge supplémentaire d'impôts. On voit dans quel état d'infériorité nous nous trouvons de ce chef vis-à-vis de nos rivaux et quelle urgence il y a à reviser l'assiette des impôts qui frappent chez nous les titres des Sociétés anonymes.

CHAPITRE V

Suppression de l'article de loi
qui interdit les actions d'un montant inférieur
à 500 francs.

La seconde réforme (et celle-ci s'applique avant
tout aux Sociétés françaises et par voie d'analogie
seulement, comme nous le montrerons tout à l'heure,
aux Sociétés étrangères) consisterait à changer l'article de notre loi sur les Sociétés anonymes qui leur
interdit de se constituer en actions d'une coupure
inférieure à 500 francs, lorsque le capital est supérieur à 200,000 francs.

Rien n'est plus arbitraire que la fixation d'un
chiffre minimum, soit qu'on veuille juger le sérieux
d'une Société d'après le chiffre total du capital, soit
qu'on le mesure à la grosseur des coupures dans lesquelles le capital est divisé.

Tout dépend ici, comme en général dans la vie,
de la qualité des hommes qui mènent l'affaire, et
rien n'empêche des Sociétés dont les actions sont de
25 francs, d'être aussi bien administrées et de pré-

senter au public autant de garanties que si leurs actions étaient d'un capital centuple.

Il serait, au contraire, excellent que notre public prit l'habitude des coupures les plus diverses. Il cesserait de s'imaginer que le capital est uniformément de 500 francs et ne serait pas exposé à croire, comme bien des gens l'ont fait dans les derniers temps, que le pair des actions du Rio-Tinto est de 500 francs alors qu'il est réellement de 10 livres sterling (environ 250 francs), et que celui de la Compagnie de diamants la De Beers est aussi de 500 francs alors qu'il est de 5 livres sterling (environ 125 francs). On sait qu'en dépit du dogme mystique en vertu duquel on a voulu nous enfermer à tout jamais dans la formule sacramentelle de l'action de 500 francs, le public français a trouvé moyen de se livrer à des opérations considérables sur les actions de ces deux Sociétés, prouvant ainsi une fois de plus que les barrières élevées par un formalisme suranné ne sauraient faire obstacle au cours naturel des choses.

Aucune raison sérieuse ne peut être invoquée pour fixer législativement le montant d'une action, quel que soit d'ailleurs le chiffre du capital total d'une Société, aujourd'hui surtout où l'éducation financière du public est plus avancée et où mille organes sont mis à sa disposition pour lui donner tous les renseignements.

La réforme des articles 1er et 24 de la loi de 1867 sur les Sociétés françaises est urgente, non seulement pour permettre la création d'entreprises nouvelles dans notre pays, mais encore pour ouvrir notre marché officiel à une foule d'actions de Sociétés étrangères qu'exile en ce moment le décret dont nous avons déjà eu occasion de parler au chapitre III. Ce décret interdit aux Chambres syndicales d'admettre à la cote des actions de Sociétés étrangères constituées différemment des Sociétés françaises, c'est-à-dire d'une valeur nominale inférieure à 100 francs, lorsque le capital des entreprises n'excède pas 200,000 francs, ou d'une valeur inférieure à 500 francs si le capital est supérieur à 200,000.

Pour faire toucher du doigt les inconvénients énormes qui résultent de cette législation de 1880, nous citerons quelques exemples. Les 150,000 actions de la Grande Compagnie des Télégraphes du Nord, Société danoise formée en 1872 et qui exploite des lignes télégraphiques sous-marines entre la France et le Danemark, le Danemark et la Russie, entre Wladiwostosk et Nagasaki, etc., etc., ne pourraient plus être admises aujourd'hui à notre cote. Cependant jamais entreprise ne fut plus intéressante, et au point de vue général, et au point de vue français : à telle enseigne que notre gouvernement s'est engagé, pour vingt-cinq ans, à fournir à la Société des subventions de 50 centimes et 1 franc par mot pour l'expédition, par le câble reliant la France et le Danemark, de toutes les dépêches à destination du Danemark, de la Suède, de la Norwége et de la Russie. En dépit de tout cela, et bien qu'il s'agisse d'une Compagnie dont les services rendus à notre pays sont constatés, dont les actionnaires touchent de fort beaux revenus, dont les titres, enfin, sont cotés au delà de 400 francs, c'est-à-dire avec une prime de plus de 60 0/0, aujourd'hui la Chambre syndicale des agents de change serait forcée de fermer ses portes à cette Société, si elle ne jouissait pas d'un droit acquis antérieurement au décret de 1880.

Autre exemple : La Banque des Pays Autrichiens, qui ne compte pas moins de 200,000 actions, a dernièrement ramené le capital de chacune d'elles de 200 florins or à 200 florins papier. Le florin or vaut 2 fr. 50 c., mais le florin papier ne vaut guère actuellement que 2 fr. 13 c., en sorte que l'action de 200 florins papier équivaut à un titre du capital nominal d'environ 426 francs. La Chambre syndicale a été sur le point de rayer ces 200,000 actions de la cote. Ce n'est qu'à cause du droit acquis et aussi en ergotant sur le change fixe du florin, en essayant de prouver qu'on pouvait le considérer comme valant théoriquement 2 fr. 50 c. (ce qui maintenait aux actions la valeur de 500 francs l'une), que l'on a conservé à notre marché ces titres; or la Société, fondée jadis exclusivement par des capitaux français, a occupé et occupera sans doute encore un rang considérable parmi celles dont les actions alimentent l'activité de notre Bourse.

On vient de rayer de la cote officielle de Paris les actions de la Société de la Régie coïntéressée des Tabacs de l'Empire ottoman, parce qu'un vote de la dernière assemblée a décidé que les actions, au lieu de continuer à exister dans la forme primitive de 500 francs dont moitié versée, seront transformées en actions de 200 francs entièrement libérées. Ces titres donnent un dividende de plus de 6 0/0 pour l'année dernière et vont sans doute en distribuer de supérieurs pour les années à venir. C'est donc précisément au moment où l'entreprise entre dans une voie fructueuse que notre intelligente législation la bannit de notre marché.

Rien ne serait plus aisé que de multiplier ces exemples. Cette fixation du minimum de la coupure de l'action est une des entraves les plus barbares apportées au libre jeu des transactions humaines ; il s'agit tout au plus de les canaliser et de les endiguer, mais certainement pas de les couler dans un moule uniforme. Il est même curieux que ce soit dans un pays démocratique comme le nôtre que se rencontrent les plus grands obstacles à la création de petites coupures de titres, qui seraient à la portée de toutes les bourses. On a prétendu protéger l'épargne, parce que de petits titres, assurait-on, seraient achetés trop aisément par le public, ainsi amené à engager des capitaux à la légère sans avoir examiné les choses d'assez près. Nous croyons que rien n'est plus incertain que ce raisonnement *a priori :* les actions du Canal de Panama sont de 500 francs, on sait ce qu'elles valent aujourd'hui. Il en est de même des actions de la Société des Métaux, poussées à 1,200 francs au mois de février 1888 et en valant 40 aujourd'hui.

Prenons au contraire les cotes de Londres : nous y

voyons pour le seul département de l'Afrique du Sud plus de deux cents Compagnies, dont presque toutes les actions sont au capital nominal de 1 livre sterling, soit 25 francs. Beaucoup de ces titres sont cotés avec une forte prime, qui parfois a atteint deux mille pour cent.

Pour le seul district de Witwatersrand (République Sud-Africaine du Transvaal), nous relevons près de cent Compagnies de mines d'or qui toutes sont divisées en actions de 1 livre, sauf la Compagnie Robinson dont les actions sont de 5 livres. A côté sont les mines de diamant, dont plusieurs sont au capital nominal de 1 livre, d'autres de 10 livres sterling. La plus célèbre de toutes, la De Beers, a 790,000 actions de 5 livres qui valent aujourd'hui 18 livres sterling environ, soit 350 0/0. Le cours en représente donc près de 400 millions de francs ; et la propriété entière près d'un demi-milliard, puisqu'il existe pour 80 millions de francs d'obligations 5 1/2.

En général la cote de Londres présente les types d'actions les plus divers, depuis 1 livre jusqu'à 100 et au delà.

A Berlin, si les actions indigènes doivent être, comme chez nous, d'un montant élevé, rien du moins dans la législation allemande n'empêche d'inscrire à la cote les valeurs étrangères fractionnées en coupures d'actions conformes à la législation du pays d'origine.

Aussi la cote de Berlin compte-t-elle déja à cette heure plus de 1,200 valeurs, savoir :

Fonds d'État allemands et prussiens	97
Obligations hypothécaires et lettres de gages indigènes	58
Actions de priorité et obligations de chemins de fer	134
Fonds étrangers	161
Actions de chemins de fer indigènes et étrangers	115
Actions de banque	129
Obligations de priorité américaines	22
Actions de Compagnies d'assurances	1
Valeurs industrielles	416
Obligations de Sociétés industrielles	51
TOTAL	1.201

La cote officielle de Londres en comprend 2,482 qui se subdivisent ainsi :

Fonds anglais	31
Fonds de corporations anglaises (non soumises au droit de timbre)	35
— (soumises au droit)	20
Obligations provinciales et coloniales	2
Fonds enregistrés ou inscrits	33
Rentes et obligations étrangères (coupons payables à Londres)	125
— (coupons payables à l'étranger)	23
Chemins de fer : actions et parts *(stock and Shares)* ordinaires	53
Chemins de fer loués moyennant rente fixe	25
Chemins de fer : titres de dettes *(debenture and stock)*	87
— actions et *stock garantis*	47
— actions et stock de préférence	85
Chemins de fer indiens	36
Chemins de fer des possessions britanniques	73
Actions de chemins de fer américains	49
Obligations de chemins de fer américains en monnaie américaine	145
— — en livres sterling	43
Chemins de fer étrangers	138
Obligations de chemins de fer étrangers	85
Banques	74
Brasseries, distilleries	114
Canaux et docks	50
Commerce et industrie	260
Stocks de corporations coloniales et étrangères	105
Finance, terrains et placements *(investments)*	146
Syndicats *(trust)* financiers	97
A reporter	2.064

Report	2.064
Gaz	63
Assurances	61
Fer, charbon, acier	36
Mines anglaises	11
Mines coloniales et étrangères	69
Navigation	22
Thé et café	11
Télégraphes et téléphones	52
Tramways et omnibus	50
Eaux	42
TOTAL . . . . (1).	**2.484**

Tandis que celle de Paris n'en comprend que 820, savoir :

COTE DU TERME

Fonds d'État français	18
Emprunts de villes	13
Valeurs françaises	94
Fonds d'État étrangers	72
Valeurs étrangères	25

COTE DU COMPTANT

Emprunts de départements et de villes françaises	23
Valeurs françaises : (Assurances)	47
— (Diverses)	209
— (Obligations)	182
Fonds d'État et de villes étrangers	82
Valeurs étrangères (Actions)	13
— (Obligations)	40
TOTAL	**820**

Nous sommes donc encore loin du chiffre de Berlin, et quant à celui de Londres, nous ne pouvons même songer à y comparer le nôtre. On voit par là dans quelle proportion effrayante cette législation, qui prétend faire entrer toutes les formes si

---

(1) La valeur totale des titres cotés au Stock Exchange de Londres est actuellement d'environ 6,720 milliards de livres sterling, soit 168 milliards de francs.

ingénieuses de l'activité humaine dans le lit de Procuste de l'action de cinq cents francs, enraye le développement de notre marché.

Un autre résultat de cette proscription, c'est que les valeurs étrangères qui peuvent convenir à nos portefeuilles, mais que le montant trop faible de leur capital nominal empêche d'arriver à la cote, se négocient subrepticement, en dehors du marché officiel, pour le plus grand dommage des agents de change qui ne perçoivent pas de courtages sur ces transactions, du fisc qui ne touche pas les impôts que consentiraient peut-être à payer ces Sociétés si elles pouvaient jouir des avantages de la cote officielle, du public enfin qui, lorsqu'il veut acheter ou vendre, ne saurait contrôler les opérations des intermédiaires à qui il confie ses ordres et se voit ainsi exposé à toutes les surprises et à tous les inconvénients résultant de l'absence d'un marché officiel.

CHAPITRE VI

Modifications au Règlement de la Compagnie des Agents de change et à la cote officielle de la Bourse de Paris.

Une troisième réforme est relative à l'honorable corporation des agents de change de Paris.

Le sujet est vaste. Nous ne nous lancerons pas ici dans la grave question de savoir s'il convient de maintenir le monopole ou de passer au régime de la liberté, en indemnisant naturellement les soixante titulaires actuels des charges. Nous prenons simplement les choses telles qu'elles existent et cherchons à les améliorer, convaincus par l'expérience qu'il vaut infiniment mieux amender ce que l'on a que faire table rase et recommencer un édifice nouveau qui n'aura pas les inconvénients de l'ancien, mais qui en offrira peut-être d'autres plus grands.

Nous rappelons ici qu'un règlement d'administration publique sur la matière nous est promis depuis de longues années et doit, nous assure-t-on, être prochainement terminé par les soins du Conseil d'État.

La faculté laissée aux Sociétés de diviser leur capital en telles coupures qu'il leur conviendrait, augmenterait considérablement le nombre des valeurs admises à la cote officielle et, par conséquent, l'activité des agents de change. Nous voudrions encore donner un aliment de plus à cette activité en facilitant aux agents les opérations de report.

On sait que cette opération est celle au moyen de laquelle un acheteur ou un vendeur diffère pour un certain laps de temps l'exécution de son engagement de lever ou de livrer un titre.

Pour prix du délai qu'on lui accorde, l'acheteur paie généralement une certaine somme qui est précisément le prix du report et qu'en terme de bourse on appelle par abréviation « report ». Or, ce report ne doit théoriquement représenter que la valeur du loyer de l'argent ainsi avancé à l'acheteur qui ne prend pas livraison de son titre. Mais le règlement des agents de change les oblige à prélever un courtage sur chaque opération de report : ce courtage représente en moyenne un intérêt de 2 1/2, quelquefois 5 0/0 l'an. L'on arrive ainsi à doubler, parfois à tripler le taux d'intérêt que paie l'acheteur. Le taux du report devient donc fréquemment usuraire et force le client à se réfugier sur le marché de la coulisse, où les intermédiaires, à l'instar de ce qui se pratique sur la plupart des grands marchés étrangers, se contentent de faire payer à l'acheteur le taux véritable du loyer de l'argent; ce loyer est seulement majoré d'une légère fraction qui représente le bénéfice légitime de l'intermédiaire pour son intervention et son ducroire. Mais ce bénéfice n'atteint jamais, même de près, la somme que représente le courtage ci-dessus indiqué de l'agent de change. En coulisse on reporte à tant pour cent l'an, tandis qu'au parquet le report se règle sous forme d'un achat et d'une vente.

Plus le cours de la valeur est bas et plus le taux d'intérêt représenté par le courtage s'élève. Car celui-ci se perçoit, non pas sur la somme effective du débours correspondant au cours du titre, mais sur la valeur nominale, en sorte que, sur l'action des chemins de fer lombards, cotée aujourd'hui 300 francs, le courtage payé est non pas 30 centimes, mais 50, soit un pour mille de la valeur nominale de l'action de 500 francs. Si donc on pratique pour la quinzaine un report de 60 centimes par exemple, le client supporte en plus un courtage de 50 centimes, soit un déboursé total de 1 fr. 10, ce qui équivaut à 26 fr. 40 par an ou 8.80 0/0 ! alors que la valeur véritable de l'argent est peut-être de 3 ou 4 0/0.

Sur le marché de la coulisse, ou dans les opérations de report qui ont lieu entre banquiers, ou entre banquier et client, on n'a pas recours à cette fiction qui transforme en une double opération d'achat et de vente une simple opération de prêt d'argent sur titres. Le report doit se résoudre en réalité par la fixation d'un taux d'intérêt correspondant à la valeur de l'argent prêté d'une part, à la rareté ou à l'abondance du titre d'autre part. C'est ainsi que cela se pratique sur le marché de Londres où les opérations de report se règlent sans donner lieu à la perception d'un courtage.

Tous les gens au courant des affaires nous donneront raison quand nous dirons que cette simple petite réforme, si innocente en apparence, peut être la source d'une animation nouvelle et d'un véritable réveil d'affaires au parquet des agents de change. Nous proposerions en tout cas, si on hésitait à modifier la forme dans laquelle se règlent actuellement au parquet les opérations de report, d'autoriser les agents à ne prélever sur ces opérations qu'un courtage égal au quart ou au cinquième du courtage ordinaire.

Nous croyons que les résultats obtenus seraient tels qu'ils justifieraient l'adjonction à la corporation de vingt ou peut-être même de quarante titulaires, qui infuseraient un sang nouveau à la Compagnie, et dont au besoin les versements pourraient servir à indemniser partiellement les soixante titulaires actuels, de façon à abaisser le prix moyen de toutes les charges.

Il faut se rappeler que le nombre des charges d'agents n'a pas varié depuis près de deux siècles; il était déjà de soixante en 1714. Nous ne serons pas taxés d'exagération si nous avançons que depuis cette époque les affaires ont augmenté à la Bourse de Paris.

A Londres, il existe environ quinze cents maisons d'agents de change *(stock brokers)* et un millier de maisons de *jobbers* (1). Ces maisons comprennent chacune de un à six associés qui ont droit d'entrée au Stock Exchange. Ce droit peut également être conféré à des commis dont le nombre ne peut excéder deux par maison, et dont l'un peut être ce qu'on appelle commis autorisé *(authorized clark)*. L'ensemble du Stock Exchange comprend donc neuf à dix mille personnes (2), activement employées à la Bourse elle-même. Si on ajoutait à ce personnel celui de tous les commis aux écritures, on arriverait à un chiffre triple au moins.

Nous avons indiqué l'intérêt considérable qu'il y y a, selon nous, à décharger la corporation des Agents de change de la responsabilité absurde que la jurisprudence fait actuellement peser sur elle du chef des admissions à la cote.

Il faut que le public s'émancipe enfin et apprenne à juger par lui-même les affaires qu'on lui apporte. Les agents de change, nous le répétons, sont des intermédiaires chargés d'effectuer et d'enregistrer les transactions. C'est avant tout la banque

---

(1) Le *jobber* est un négociant en titres qui doit toujours être prêt à fixer aux agents de change *(stock brokers)* les prix auxquels il est acheteur ou vendeur.

(2) Bien qu'on puisse déjà être admis à 17 ans en qualité de commis au Stock Exchange, on fait parfois partie de la corporation jusqu'à un âge avancé. Le doyen a aujourd'hui 95 ans : c'est un Suisse d'origine, M. Ack, qui a servi sous Napoléon Ier. Un *jobber*, M. Hemming, a 87 ans et vient encore faire des affaires à la Bourse.

émettrice, maison particulière ou Société anonyme, qui devrait être responsable des affirmations contenues dans un prospectus signé par elle et publié obligatoirement avant l'émission. Elle doit être pleinement responsable dans cette limite, mais pas au delà. Les agents de change de leur côté (et c'est ici que leur rôle peut être de la plus grande efficacité) exigeront que le prospectus soit aussi détaillé que possible et contienne toutes les indications de nature à éclairer les souscripteurs. On aura pris ainsi les précautions les plus efficaces pour sauvegarder les intérêts du public. C'est de la sorte que les choses sont organisées à Berlin et à Londres.

Enfin, une dernière réforme, modeste, en apparence, comme les deux précédentes, nous paraît devoir être également recommandée.

La cote de Paris est mal distribuée : une grande cause de confusion est la distinction entre la première moitié de la cote où sont inscrites toutes les valeurs se négociant à la fois à terme et au comptant, et la seconde, où sont inscrites les valeurs ne se négociant qu'au comptant. Cette distinction n'a pas de raison d'être : toutes les valeurs doivent pouvoir se négocier à la fois à terme et au comptant, ce qui permettrait de distribuer les valeurs suivant un ordre logique de chapitres, et dans chaque chapitre par ordre alphabétique. Pourquoi des titres comme les obligations de nos grandes Compagnies des chemins de fer, comme les actions de certaines

Compagnies, telles que le *Petit Journal* ou les *Moulins de Corbeil*, ne seraient-elles pas susceptibles d'être négociées à terme ? Il n'en va pas autrement à Londres où, cependant, le nombre de valeurs cotées est bien supérieur à celui des papiers inscrits à la cote de Paris et où les liquidations s'opèrent en trois jours au lieu de cinq qu'elles exigent chez nous.

Nos voisins d'outre Manche vont même bien plus loin, puisque le comptant n'existe chez eux que pour les Consolidés anglais. Les transactions dans toutes les autres valeurs, quelque minime qu'en soit l'importance, se règlent à la liquidation la plus proche.

Cette nécessité de livrer et de payer les titres à une date fixe, dont le terme le plus éloigné ne saurait dépasser quinze jours au maximum, amène un règlement plus rapide des affaires que notre système de « comptant. » Les délais parfois abusifs au moyen desquels le règlement de certaines opérations est retardé pendant des semaines, transforment, dans des cas relativement assez fréquents, notre marché du comptant en un marché à terme beaucoup plus éloigné que celui de la prochaine liquidation.

CHAPITRE VII

Nécessité de remanier le projet de loi
sur les Sociétés par actions
soumis actuellement à la Chambre des députés.

Il semblerait que, pour arrêter la décadence de notre marché financier, le gouvernement et nos législateurs dussent favoriser de tout leur pouvoir la création de Sociétés nouvelles. C'est précisément le moment que l'on choisit pour ressusciter à la Chambre des députés un projet de loi engendré en 1882 par les terreurs du krach, voté en 1884 par le Sénat sous cette influence néfaste. Ce projet était tombé depuis lors dans le juste oubli dont il n'aurait jamais dû sortir; mais voici que, tout à coup, nous apprenons qu'une Commission vient d'en être saisie à la Chambre des députés.

Examinons-le donc. Il contient un certain nombre de réformes que l'on peut approuver; il n'exige plus la représentation absolue de la moitié du capital social aux Assemblées extraordinaires; il institue un bulletin officiel des Sociétés, qui augmente les garanties de publicité; il cherche à faciliter le groupement des obligataires et à leur accorder un droit de surveillance; il impose, pour la négociation en France des actions de Sociétés étrangères, un certain nombre de conditions analogues à celles qui régissent nos propres titres; il soumet les Compagnies d'assurances sur la vie étrangères à des dispositions fort légitimes; enfin il s'occupe aussi, avec raison, quoique d'une façon fort incomplète, des Sociétés civiles.

Mais ce projet de loi est monstrueux (nous ne craignons pas d'employer ce mot) dans les dispositions relatives à la responsabilité des fondateurs, des administrateurs et même de toutes les personnes qui peuvent acheter ou vendre des actions. Il constitue un véritable arsenal de pénalités.

La première série de ces pénalités, et la plus grave, est celle qui a rapport à la nullité des Sociétés. Après avoir énuméré les conditions et les formalités à remplir pour sa fondation (elles sont au nombre formidable de 41, autant que nous avons pu nous reconnaître dans ce dédale), le projet édicte (art. 40) la nullité *de plein droit* de toute Société dont les fondateurs ou les administrateurs auraient omis une seule de ces conditions ou formalités, soit la plus compliquée, telle qu'une inexactitude dans la liste des souscripteurs, soit la plus insignifiante, telle que la publication faite par exemple le neuvième au lieu du dixième jour avant la constitution.

Le projet ne dit pas que le juge *peut* déclarer la Société nulle, il dit qu'elle *doit* être annulée. Il n'in-

dique pas non plus de prescription : la lecture atten-
tive de l'article 43 montre que la responsabilité dure
indéfiniment. Or l'article 41 porte que, lorsque la
nullité a été prononcée, les fondateurs *sont* et les
administrateurs *peuvent être* déclarés solidairement
responsables à l'égard des tiers ou des actionnaires,
du dommage résultant de cette annulation. Dans ces
conditions, on comprend que, si la loi était votée, les
hommes riches et honorables, qui sont en définitive
la meilleure garantie des actionnaires, ne figureraient
plus jamais comme fondateurs d'aucune Société.

Nous accepterions cette terrible sanction de la nullité pour les bases fondamentales telles que la souscription intégrale du capital et le versement du
quart, et encore devrait-il être admis que les nullités
peuvent être couvertes par une mise en règle pos-
térieure. Mais nous estimons que les formalités proprement dites doivent être remplies par les notaires,
sous leur unique responsabilité, ou, mieux encore,
que leur exécution doit être contrôlée et certifiée
avant la constitution définitive de la Société par un
bureau officiel institué au Ministère de la justice
ou du commerce.

La seconde série des pénalités a rapport aux infractions qui peuvent être commises pendant le fonc-
tionnement de la Société. Là, tous les articles débu-
tent par ces mots terribles : « *Est* punie (et non pas
peut être punie) d'une amende de 500 à 10,000
francs et d'un *emprisonnement* de quinze jours à six
mois... »

Si nous sommes les premiers à applaudir à l'article 100 du projet de loi, qui punit des peines portées à l'article 405 du Code pénal ceux qui, par des manœuvres *frauduleuses*, par des simulations de souscriptions, par la répartition de dividendes fictifs, etc., etc., ont cherché à tromper les actionnaires, il nous est absolument impossible d'admettre qu'une erreur faite de bonne foi ou qu'une omission involontaire ait pour effet de déshonorer à jamais les administrateurs. On ne comprend guère que l'on condamne fatalement un honnéte homme à la prison pour n'avoir pas été un disciple assez fervent de Brid'oison; on ne comprend plus du tout qu'on l'y expose pour des faits controversés ou mal définis.

Que dire par exemple de l'article 101 : « Sont punis d'une amende de 500 à 10,000 francs et d'un emprisonnement de quinze jours à un an (ce n'est plus six mois cette fois-ci!) les administrateurs, directeurs et les gérants qui, en cette qualité, ont contrevenu aux dispositions de la loi interdisant certains genres d'opérations. » Que peuvent bien être ces certains genres d'opérations? Le projet ne le précise nulle part et le lecteur reste rêveur, car le rêve seul convient à une pareille obscurité.

Enfin, pour achever de donner une idée de l'esprit de cette loi, nous citerons l'article 98 : « Est punie d'une amende de 500 à 10,000 francs et d'un emprisonnement de quinze jours à six mois :

« 1º L'émission, la délivrance ou la négociation d'actions ou de coupures d'actions d'une Société constituée contrairement aux prescriptions des articles 3, 5 et 32 de la présente loi;

» L'emprisonnement peut être élevé jusqu'à deux ans, lorsqu'il s'agit des actions ou coupures d'actions d'une Société dont le capital n'a pas été entièrement souscrit ou dont les versements déclarés n'ont pas été effectués ;

» 2° L'émission ou la négociation en France d'actions ou d'obligations d'une Société étrangère contraires aux dispositions des articles 92 et 93 (1) ;

» 3° Toute participation à ces opérations ;

» Sont punis de la même peine ceux qui ont sciemment, par des avis, annonces, affiches, ou par tout autre moyen de publication, fait connaître l'existence de ces actions. »

Or, dit M. René Brice, dans l'exposé des motifs du contre-projet qu'il soumettait à la Chambre des députés en 1886 et qui est un chef-d'œuvre de science et de bon sens, « la délivrance, c'est le fait du porteur qui remet le titre de la main à la main à son cessionnaire; la négociation, c'est la cession en Bourse. Les peines étant applicables à tous ceux qui ont participé à la négociation, elles ne frappent pas seulement les agents de change et les coulissiers; pour éviter ces condamnations, tous les intermé-

---

(1) Il faudra donc qu'avant de se hasarder à vendre en France une action ou une obligation étrangère, le détenteur et les intermédiaires aillent dans n'importe quelle partie du monde s'assurer que le capital social a été entièrement souscrit, que chaque actionnaire a versé le quart du montant des actions souscrites par lui, etc., etc.

diaires devraient faire une étude minutieuse des statuts et des publications de toutes les Sociétés. S'ils oublient que, dans un greffe, il y a une déclaration faite sous seing privé, alors qu'elle devrait être notariée, ils encourent la peine de 10,000 francs d'amende et de six mois de prison, même quand il n'y aurait eu de leur part aucune intention frauduleuse ! Cela n'est pas acceptable ! »

M. René Brice ajoute : « Les lois étrangères sur les Sociétés n'édictent que rarement des répressions pénales. Le projet de loi, au contraire, en contient un arsenal formidable. Toutes les formalités qu'il prescrit sont protégées par des sanctions pénales ; que les irrégularités soient volontaires on non, frauduleuses ou non, les auteurs des infractions sont frappés indistinctement d'amendes et d'emprisonnement !

» La loi votée par le Sénat, si elle était confirmée par la Chambre, aurait pour conséquence certaine d'écarter de l'administration des Sociétés anonymes tous les hommes qui ont souci de leur honneur et de leur considération. »

La Chambre de commerce de Lyon, dans sa délibération du 10 décembre 1885, disait de son côté :

« La police correctionnelle, l'amende et à plus forte raison la peine d'emprisonnement devraient être réservées aux infractions présentant un caractère essentiellement frauduleux et délictueux. Avec une brutalité qui viole tous les principes du droit pénal, le projet de loi frappe du même droit vengeur la contravention, l'omission involontaire et la mauvaise foi. Que vous ayez agi sciemment ou inconsciemment, qu'il en soit résulté ou non un préjudice pour autrui, la police correctionnelle vous attend ; vous en sortirez condamné, peut-être déshonoré, trop heureux encore si vous y avez trouvé des juges disposés à vous accorder le bénéfice des circonstances atténuantes ! En principe, quand il s'agit de punir, le juge doit rechercher d'abord l'intention de celui qui est en faute. Ici le fait matériel domine tout le reste. La flétrissure est fatale.

» Tout le monde est d'accord que, loin d'écarter les honnêtes gens des fonctions d'administrateurs en les frappant de suspicion, on doit faciliter l'accès de ces fonctions à tous ceux qui sont capables de les remplir, de peur qu'elles ne tombent en de mauvaises mains.

» Le projet a voulu réprimer les excès de l'agiotage : l'intention est certainement excellente; mais on se demande comment les mesures de rigueur, édictées contre les administrateurs des Sociétés, pourront gêner les actes des spéculateurs. La réglementation la plus minutieuse n'empêchera jamais les abus et les fraudes des fripons. L'honorabilité et l'expérience des administrateurs sont les principales garanties, sinon les seules, des actionnaires et du public. En écartant les honnêtes gens de l'administration des Sociétés par d'injustes suspicions et des menaces de pénalités excessives, on va à l'inverse du but qu'on veut atteindre. »

M. Mathieu-Bodet, dont l'opinion a toujours fait autorité dans les questions législatives et financières, disait, dès le mois de mai de 1884, dans le *Journal des Économistes* :

« Les pénalités qu'on propose sont d'une exagération évidente. Le projet du gouvernement aggrave notablement le système des pénalités de la loi du 24 juillet 1867. Presque toutes les infractions aux nombreuses prescriptions nouvelles qu'il édicte sont érigées en délits et punies d'amendes, et, en outre, dans presque tous les cas, d'emprisonnement. Les lois étrangères sur les Sociétés appliquent rarement cette dernière peine. La loi belge, notamment, qui pourtant est une des plus sévères, ne punit de la prison que les faits constitutifs d'escroquerie et la distribution de dividendes fictifs. Si le système pénal que l'on propose était adopté par le Parlement, la nouvelle loi ferait assurément époque dans l'histoire des législations européennes.

» Nous signalerons spécialement, ajoute M. Mathieu-Bodet, la multiplicité des infractions qui, d'après la loi nouvelle, entraîneraient l'annulation des Sociétés.

» La Commission a maintenu toutes les nullités créées par la loi du 24 juillet 1867 et elle en a ajouté de nouvelles.

» Les lois étrangères ne créent aucune cause de nullité particulière au contrat de Société (1).

---

(1) La loi belge et la loi italienne ne font à cet égard qu'une seule exception, pour le cas où les Sociétés n'ont pas été constituées par acte notarié. Sauf cette exception, le contrat de Société est soumis, comme tous les autres

» Chez nous, au contraire, dans la loi actuellement
en vigueur, et surtout dans le projet de loi, des
causes de nullité sont écrites à chaque ligne. On peut
dire, d'une façon générale, que si des clauses illé-
gales sont insérées dans les statuts, elles entraînent la
nullité de la Société tout entière. Il en résulte que
le contrat de Société, qui a souvent pour objet des
intérêts d'une importance exceptionnelle, est de tous
les contrats celui qui présente le moins de sécurité
et de stabilité. »

Le projet de loi ne contient même pas la clause
tutélaire qui consisterait, tout en permettant aux
intéressés de se porter parties civiles, à déclarer que
les poursuites correctionnelles ne pourraient être
exercées qu'à la requête du Ministère public. Non !
il laisse au premier venu la faculté de poursuivre.
Hélas ! quand on a quelque expérience de la vie, on
mesure à première vue le développement que pren-
dra la profession de chantage lucratif qui consistera
à rechercher les irrégularités commises dans les
actes constitutifs des Sociétés, dans les publications

contrats, aux principes généraux qui règlent les conditions essentielles de la
validité des conventions. Le défaut de publicité, par exemple, qui est pourtant la formalité la plus importante, n'entraîne pas la nullité de la Société.

La loi belge du 18 mai 1873, spécialement, dit que si le dépôt de l'acte
constitutif n'a pas été fait dans le délai prescrit, la publication des actes sera
soumise à un droit d'enregistrement ; que toute action intentée par une Société
dont l'acte constitutif n'a pas été légalement publié est non-recevable, et que
les sociétaires ne peuvent se prévaloir des actes de la Société à l'égard des
tiers qui auront traité avant la publication.

La loi italienne du 2 avril 1882 contient une disposition analogue : jusqu'à
la publication, la Société est considérée comme n'étant pas légalement constituée, mais les associés ont le droit de réparer cette négligence en faisant
ultérieurement les publications légales.

légales ou dans les actes des Conseils d'administration !

Là loi du 24 juillet 1867 n'est certes pas parfaite; elle a du moins un avantage, c'est que nous y sommes habitués. Il ne faudra la remplacer que par une loi bien faite. En présence du projet actuel, notre devoir est de jeter un cri d'alarme; nous espérons qu'il sera entendu (1) !

---

(1) Une des meilleures solutions serait peut-être celle que suggérait, en 1888, M. Thévenet, alors simple député, aujourd'hui garde des sceaux, et qui consistait à s'en tenir au droit commun. Le projet de loi déposé par lui supprimait toute législation spéciale aux Sociétés par actions, abrogeait la loi du 24 juillet 1867, se référait simplement aux articles 1134 et 1325 du Code civil, se bornait à exiger la publicité prescrite par les articles 42 et suivants du Code de commerce, et renvoyait enfin à l'article 405 du Code pénal pour toutes les questions de responsabilités.

Ce projet de loi, qui se compose de quatre articles fort courts, mérite certainement toute attention.

CONCLUSION

En résumé, parmi les réformes que nous proposons, il faut établir, au point de vue pratique, deux catégories :

A. Celles des lois de timbre, qui touchent directement aux questions budgétaires et qui, à ce titre, ne peuvent être entreprises qu'avec une grande circonspection et après un mûr examen de la part des autorités compétentes;

B. Celles, au contraire, de l'admission à la cote, de la loi sur les Sociétés, des règlements de la Bourse et de la corporation des agents de change, qui, non seulement ne compromettent en rien l'équilibre budgétaire, mais qui doivent immédiatement ranimer les transactions, développer l'esprit des affaires dans le meilleur sens du mot et apporter ainsi au Trésor un supplément de ressources fort appréciable.

Nous pensons que ces dernières doivent être entreprises sans retard et qu'il conviendrait :

1° De déposer sur le Bureau de la Chambre un projet de loi modifiant l'article de la loi sur les Sociétés au point de vue des coupures d'actions;

2° De rectifier, en conséquence, l'article 4 du décret de février 1880 et de permettre de coter les actions de Sociétés étrangères quel qu'en soit le montant;

3° D'établir formellement que les agents de change n'encourent pas de responsabilités spéciales du chef de l'admission d'une valeur à la cote;

4° De terminer le règlement d'administration publique, sur les attributions et opérations des agents de change, et d'y comprendre la nouvelle réglementation que nous avons proposée pour les opérations de report;

5° De remanier la cote officielle de Paris en faisant disparaître la distinction entre les valeurs du terme et celles du comptant.

Voilà, croyons-nous, dans quel ordre d'idées il convient de chercher à perfectionner notre outillage financier et non pas dans des projets de loi sur les Sociétés tels que celui qui a été adopté en 1885 par le Sénat et qui est soumis actuellement à une commission de la Chambre des députés.

Cet ensemble de réformes ne porterait atteinte d'une façon sérieuse ni à l'équilibre du budget ni à aucun droit acquis, ni à aucun principe essentiel de notre législation. Nous sommes convaincus qu'elles peuvent se réaliser vite et aisément et qu'elles contribueraient à conserver au marché français le rang qui lui est dû dans l'organisation économique du monde.